AF218787

Werner Ehlen

Will Gott Opfer?

Biblischer Befund und

grundsätzliche Überlegungen

Impressum

Copyright © 2022 Werner Ehlen
Titelbild © Werner Ehlen
Herstellung und Verlag:
BoD – Books on Demand, Norderstedt
ISBN 9 78375 575 948 5

*Bibliografische Information der Deutschen Nationalbibliothek:
Die Deutsche Nationalbibliothek verzeichnet diese Publikation in
der Deutschen Nationalbibliografie; detaillierte bibliografische
Daten sind im Internet über <u>dnb.dnb.de</u> abrufbar.*

Inhaltsverzeichnis

Wie es zu diesem Buch kam

Eigentlich wollte ich nach einem Erlebnis, die mir die Lebensferne jeglicher Theologie vor Augen führte, kein theologisches Buch mehr schreiben.

Aber dann war ich, wieder einmal, Lektor in einem Werktagsgottesdienst, und als Lesung war der Prophet Hosea, Kapitel 10, Vers 1-8 vorzulesen (s. S. 12). Wie häufig in Werktagsgottesdiensten eine eher schwierige Bibelstelle, deren Inhalt meines Erachtens aber eine Ablehnung Gottes von Opfergaben bzw. deren Sinnlosigkeit beinhaltet. Als ich anschließend meine Gedanken treiben ließ, kamen mir sofort weitere Bibelstellen in den Sinn, in dem Gott ebenfalls – oft durch seine Propheten – Opfergaben ablehnt, überspitzt gesagt gegen den Opferkult kämpft. Und so war der Gedanke an dieses Buch geboren.

Als kleine Anekdote am Rande: Mir ist dabei auch bewusst geworden, dass fast alle meine Bücher in Gottesdiensten „entstanden" sind. Beim Mitfeiern fällt mir irgendetwas auf, das mich dann nicht mehr in Ruhe lässt, bis ich es zu Papier gebracht habe.

Grundsätzliches zum Opfer

Opfern gehört zu unserem Leben wie Lachen und Weinen. Mütter und Väter opfern ihren Schlaf für ihre Kinder, Ehrenamtliche opfern in allen Bereichen des gesellschaftlichen Lebens Zeit und Energie, Feuerwehrleute opfern manchmal sogar ihre Gesundheit und ihr Leben, um andere zu retten.

Ohne diese grundsätzliche Opferbereitschaft wäre ein Zusammenleben schwer vorstellbar.

All diese Opfer haben einen konkreten Anlass (der Säugling schreit, Jugendliche sollen gefördert werden, Menschen sind aus dem Flammen zu retten). Und sie helfen einem anderen Menschen in seiner momentanen Lebenssituation.

Die Opfer, um die es in diesem Buch geht, sind anderer Natur. Adressaten dieser Opfer sind nicht andere Menschen, sondern Gott, bzw. höhere Mächte. Und es geht oft nicht um andere Menschen, sondern um mich. Der größte Unterschied: Es geht nicht um (konkrete, tatkräftige) Hilfe in einer Lebens- oder Notsituation, sondern um das Beschwichtigen, Besänftigen, Gewogenmachen einer transzendentalen Macht.

Das Opfer in der Bibel

Gibt man den Begriff „Opfer" in ein Bibelprogramm ein, erhält man 158 Treffer! 77 weniger als für den Begriff „Liebe", aber immerhin drei mehr als für den Begriff „Gebote".

Das Opfer spielt also eine große Rolle in der Bibel, im Judentum und leider auch im Christentum. Wie auch in den meisten anderen Religionen. Warum das so ist, werden wir noch sehen.

Und ich gebe auch gleich zu, dass die überwiegende Mehrzahl der 158 Treffer dem Opfer positiv gegenüberstehen, Anweisungen für das „richtige" Opfern enthalten und das Opfer als ganz selbstverständlichen Glaubensvollzug sehen.

Warum das so ist, möchte ich am Schluss des Buches beleuchten.

Es gibt aber eben durchaus auch zahlreiche Bibelstellen, die sich gegen das Opfer als „Erfüllung des Willen Gottes" wenden, das Opfer als „gottgefällige Handlung" ablehnen.

Dreizehn davon möchte ich näher beleuchten.

Im Ersten Testament

Die „Opferung Isaaks"

Wohl die bekannteste Opfergeschichte der Bibel finden wir gleich im 1. Buch der Bibel, dem Buch Genesis, im 22. Kapitel.

Interessant ist, dass diese Bibelstelle bei den Juden noch nie etwas mit einer Opferung zu tun hatte – dort heißt sie die „Bindung Isaaks" und auch in der neuen Einheitsübersetzung diese Stelle nicht mehr mit Opferung überschrieben ist, sondern mit „Erprobung":

„Nach diesen Ereignissen stellte Gott Abraham auf die Probe. Er sprach zu ihm: Abraham! Er sagte: Hier bin ich. Er sprach: Nimm deinen Sohn, deinen einzigen, den du liebst, Isaak, geh in das Land Morija und bring ihn dort auf einem der Berge, den ich dir nenne, als Brandopfer dar! Frühmorgens stand Abraham auf, sattelte seinen Esel, nahm zwei seiner Jungknechte mit sich und seinen Sohn Isaak, spaltete Holz zum Brandopfer und machte sich auf den Weg zu dem Ort, den ihm Gott genannt hatte. Als Abraham am dritten Tag seine Augen erhob, sah er den Ort von Weitem. Da sagte Abraham zu seinen Jungknechten: Bleibt mit dem Esel hier! Ich aber und der Knabe, wir wollen dorthin gehen und uns niederwerfen; dann wollen wir zu euch zurückkehren. Abraham nahm das Holz für das Brandopfer und lud es seinem Sohn

Isaak auf. Er selbst nahm das Feuer und das Messer in die Hand. So gingen beide miteinander. Da sprach Isaak zu seinem Vater Abraham. Er sagte: Mein Vater! Er antwortete: Hier bin ich, mein Sohn! Dann sagte Isaak: Hier ist Feuer und Holz. Wo aber ist das Lamm für das Brandopfer? Abraham sagte: Gott wird sich das Lamm für das Brandopfer ausersehen, mein Sohn. Und beide gingen miteinander weiter. Als sie an den Ort kamen, den ihm Gott genannt hatte, baute Abraham dort den Altar, schichtete das Holz auf, band seinen Sohn Isaak und legte ihn auf den Altar, oben auf das Holz. Abraham streckte seine Hand aus und nahm das Messer, um seinen Sohn zu schlachten. Da rief ihm der Engel des HERRN vom Himmel her zu und sagte: Abraham, Abraham! Er antwortete: Hier bin ich. Er sprach: Streck deine Hand nicht gegen den Knaben aus und tu ihm nichts zuleide! Denn jetzt weiß ich, dass du Gott fürchtest; du hast mir deinen Sohn, deinen einzigen, nicht vorenthalten. Abraham erhob seine Augen, sah hin und siehe, ein Widder hatte sich hinter ihm mit seinen Hörnern im Gestrüpp verfangen. Abraham ging hin, nahm den Widder und brachte ihn statt seines Sohnes als Brandopfer dar." [1]

Allein mit dieser Stelle könnte man ein ganzes Buch füllen; wesentlich ist für mich im Zusammenhang mit meinem Thema, dass Gott das Opfer, das Abraham zu bringen bereit ist, ablehnt.

Zwar gibt es ein „Ersatzopfer", aber auch von diesem wird nicht gesagt, dass Gott es gewollt hätte, es wirkt mehr so, als wäre der Widder zur falschen Zeit am falschen Ort gewesen. Da der Brandopferaltar nun mal schon hergerichtet ist, soll er auch genutzt werden.

Der Kampf der Propheten gegen den Opferkult

Liest man die Prophetenbücher aufmerksam durch, so könnte man den Eindruck gewinnen, Gott habe die Propheten vor allem deshalb gesandt, um sein Volk vom Irrweg und Irrglauben der Opfer abzubringen.

Ein sehr gutes Beispiel dafür ist der Prophet Jesaja, einer der vier „großen Propheten" (Die vier „großen Propheten" Jesaja, Jeremia, Daniel und Ezechiel unterscheiden sich von den zwölf „kleinen Propheten" durch die Länge ihrer Bücher).

Der Prophet Jesaja

Der Prophet, auf den dieses Buch zurückgeht, wirkte vermutlich in der Zeit der Bedrohung Israels durch die Assyrer, also um 740 bis 700 v. Chr. Das Buch selbst ist in drei große Teile gegliedert, wobei die Teile zwei (Babylonische Gefangenschaft, 587 bis 539 v. Chr.) und drei (Wiederaufbau Jerusalems in der Perserzeit, 539 bis 333 v. Chr.) aus der Prophetenschule des Jesaja stammen.

Der folgende Aufruf zum „richtigen Glauben" steht gleich im 1. Kapitel, stammt also sehr sicher von Jesaja selbst.

„Was soll ich mit euren vielen Schlachtopfern?, spricht der HERR. Die Brandopfer von Widdern und das Fett von Mastkälbern habe ich satt und am Blut der Stiere, Lämmer und Böcke habe ich kein Gefallen. Wenn ihr kommt, um vor meinem Angesicht zu erscheinen - wer hat von euch verlangt, dass ihr meine Vorhöfe zertrampelt? Bringt mir nicht länger nutzlose Gaben, Räucheropfer, die mir ein Gräuel sind! Neumond und Sabbat, das Ausrufen von Festversammlungen, ich ertrage nicht Frevel und Feier. Eure Neumonde und Feste sind mir in der Seele verhasst, sie sind mir zur Last geworden, ich bin es müde, sie zu ertragen. Wenn ihr eure Hände ausbreitet, verhülle ich meine Augen vor euch. Wenn ihr auch noch so viel betet, ich höre es nicht. Eure Hände sind voller Blut. Wascht euch, reinigt euch! Schafft mir eure bösen

Taten aus den Augen! Hört auf, Böses zu tun! Lernt, Gutes zu tun! Sucht das Recht! Schreitet ein gegen den Unterdrücker! Verschafft den Waisen Recht, streitet für die Witwen!" [2]

Eindringlicher und eindeutiger kann man sich wohl nicht gegen Opfergaben aller Art wenden. Zieht man noch in Betracht, dass selbst der Sabbat, der Inbegriff der „richtigen Gottesbeziehung" in die Aufzählung dessen, was Gott verabscheut, mit einbezogen ist, wird überdeutlich, dass Gott wenig vom ganzen Regelwerk religiöser Kulthandlungen hält.

Umso erstaunlicher, mit wie wenigen Worten der Prophet Jesaja das beschreibt, was Gott stattdessen will: Hört auf, Böses zu tun. Lernt, Gutes zu tun. Sucht das Recht und helft den Unterdrückten, den Armen.

Der Prophet Hosea

ist einer der zwölf kleinen Propheten. Der Inhalt des Buches legt nahe, dass er vor dem Untergang Samarias im Jahr 722 v. Chr. im Nordreich Israel gewirkt hat. Er geht der schwierigen Frage der Verfehlungen Israels gegen Gottes Gebote und den Möglichkeiten der erneuten Zuwendung zu Gott nach.

„Israel war ein üppiger Weinstock, der seine Frucht brachte. Je fruchtbarer er war, desto zahlreicher machte man die Altäre. Je schöner sein Land wurde, umso schöner schmückten sie die Steinmale. Ihr Herz ist geteilt, jetzt müssen sie büßen: Er selbst wird ihre Altäre zerbrechen, ihre Steinmale verwüsten. Dann werden sie sagen: Wir haben keinen König mehr; denn wir haben den HERRN nicht gefürchtet. Aber auch ein König - was könnte er für uns tun? Sprüche machen, Meineide schwören, Bündnisse schließen; und die Rechtsprechung wuchert wie das giftige Unkraut in den Ackerfurchen. Um das Kalb von Bet-Awen müssen die Bewohner von Samaria zittern, ja, es trauert darum sein Volk, seine Priester jubeln noch über seine Herrlichkeit - doch sie ist weg von ihm in die Verbannung gezogen. Auch das Kalb wird nach Assur gebracht als Geschenk für den König, der das Gericht vollziehen wird. Efraim erntet Schande, Israel wird zuschanden wegen seiner Ratschläge. Vernichtet ist Samaria, sein König - wie ein abgebrochener Zweig auf dem Wasser. Verwüstet werden die Kulthöhen von Awen, die Sünde Israels: Dornen und Disteln werden ihre Altäre überwuchern. Dann wird man zu den Bergen sagen: Deckt uns zu! und zu den Hügeln: Fallt auf uns!" [3]

Auch wenn es hier vordergründig darum geht, dass Israel heidnischen Göttern opfert, Opferaltäre für fremde Götter errichtet, geht die Kritik Hoseas doch tiefer. Es ist nichts davon zu lesen, dass sie stattdessen zu den Opferaltären Jahwes zurückkehren sollten, und auch die „oberste Instanz" des Gottesbezugs, der König, wäre nicht in der Lage, Heil zu bringen.

Zusammengefasst wird die Opferkritik Hoseas in Vers 6,6:

„Denn an Liebe habe ich Gefallen , nicht an Schlachtopfern, an Gotteserkenntnis mehr als an Brandopfern." [4]

Das Buch der Psalmen

Das Buch der Psalmen stellt eine einzigartige Sammlung unterschiedlichster Gattungen: Bittgebete und Danklieder haben ebenso ihren Platz wie Hymnen, Weisheits- und Wallfahrtslieder Einzelner und des ganzen Volkes Israel. Auch wenn es über einen langen Zeitraum hinweg entstanden ist, ist es in der heutigen Form zusammengestellt und komponiert worden.

Es ist das am meisten zitierte Buch des Alten Testaments im Neuen Testament, Jesus selbst zitiert oft aus ihm.

Zwei Beispiele sollen zeigen, dass wir auch in diesem Werk, das auch als „kleine Bibel" bezeichnet wird, die Ablehnung des Opfergedankens finden:

„An Schlacht- und Speiseopfern hattest du kein Gefallen, doch Ohren hast du mir gegraben, Brand- und Sündopfer hast du nicht gefordert." [5]

Der Ausdruck „Ohren gegraben" ist auf den ersten Blick sehr fremd, doch hält man sich vor Augen, dass die Ohren sozusagen Öffnungen, Vertiefungen darstellen, die in den Kopf „gegraben" sind, verständlich. Luther übersetzt hier „die Ohren hast du mir aufgetan". Aussage ist jedenfalls, dass Gott weder Brand- und Sündopfer fordert, noch an Schlacht- und Speiseopfern Gefallen hat. Stattdessen geht es mit dem Verweis auf die Ohren auch hier wieder um das Hören auf Gottes Wort, Gebot, Botschaft.

„Nicht wegen deiner Opfer rüge ich dich, deine Brandopfer sind mir immer vor Augen. Aus deinem Haus nehme ich keinen Stier an, keine Böcke aus deinen Hürden. Denn mir gehört alles Wild des Waldes, das Vieh auf den Bergen zu Tausenden. Ich kenne alle Vögel der Berge, was sich regt auf dem Feld, ist mein Eigen. Hätte ich Hunger, ich brauchte es dir nicht zu sagen, denn mein ist der Erdkreis und seine ganze Fülle. Soll ich denn das Fleisch von Stieren essen und das Blut von Böcken trinken? Bring Gott ein Opfer des Dankes und erfülle dem Höchsten deine Gelübde! Wer Opfer des Dankes bringt, ehrt mich; wer den rechten Weg beachtet, den lasse ich das Heil Gottes schauen." [6]

Zwar lehnt Gott in diesem Psalmabschnitt das Opfer nicht grundsätzlich ab (Vers 8), zeigt aber dennoch den Unsinn des Opfers auf: Da ihm sowieso alles gehört, wozu soll da ein Opfer gut sein? Das „einzig sinnvolle Opfer" ist es, ihm zu danken, und dieser Dank sollte vor allem darin bestehen, den rechten Weg zu gehen, also Gottes Willen zu erfüllen.

Auch im folgenden Psalm wird klar ausgesagt, dass Gott keine Schlacht- und Brandopfer will:

„Schlachtopfer willst du nicht, ich würde sie geben, an Brandopfern hast du kein Gefallen. Schlachtopfer für Gott ist ein zerbrochener Geist, ein zerbrochenes und zerschlagenes Herz wirst du, Gott, nicht verschmähen." [7]

Der Nachsatz, dass Gott ein zerbrochenes und zerschlagenes Herz nicht verschmähen wird, ist meines Erachtens jetzt nicht so zu verstehen, dass wir uns, um Gott zu gefallen, demütigen und geißeln müssen, sondern eher in dem Sinne, dass Gott für den Sünder und „Kranken" da ist. Dies entspricht auch genau der Lehre Jesu, siehe unten.

Der Prophet Samuel

Die beiden Samuelbücher, die ursprünglich zusammengehörten, wurden vermutlich im Exil (587 bis 539 v. Chr.) in ihre heutige Form gebracht, auch wenn einzelne Elemente weitaus älter sind.

Hauptthema des Buches ist die Auseinandersetzung mit dem Königtum, den Gefahren, die darin liegen.

Aber auch zum Thema Opfer finden wir eine Aussage des Propheten:

Samuel aber sagte: Hat der HERR an Brandopfern und Schlachtopfern das gleiche Gefallen wie am Gehorsam gegenüber der Stimme des HERRN? Wahrhaftig, Gehorsam ist besser als Opfer, Hinhören besser als das Fett von Widdern. [8]

Auch hier wird betont, dass Opfer zweitrangig sind, das das Wesentliche das Hinhören auf und das Erfüllen des Willens Gottes sind.

Der Prediger Kohelet

Das Buch Kohelet zählt zur Weisheitsliteratur. Ob es die Person Kohelet historisch gegeben hat, ist nicht gesichert. Entstanden ist das Buch Ende des 3., Anfang des 2. Jahrhunderts vor Christus. Kohelet geht den großen Menschheitsfragen nach, beginnend bei der Lehre vom ewigen Kosmos über den vergänglichen Menschen hin zur Frage nach dem Sinn des Lebens angesichts von Leid und Tod.

Seine Antwort ist aber nicht nur die berühmte „Windhauch-Rede", sondern auch, dass das gottgefällige Leben im Hier und Jetzt einen tiefen Sinn bietet. So ist es nicht verwunderlich, dass auch das Thema des Opferns zumindest kurz gestreift wird:

Zügle deinen Schritt, wenn du zum Gotteshaus gehst! Tritt ein, um zuzuhören, und nicht, wie die Ungebildeten, um Opfer abzugeben! Sie verstehen nicht einmal, Böses zu tun. [9]

Dies sind zwar keine direkten Worte gegen das Opfer(n), aber doch eine massive Abwertung. Menschen, die ins Gotteshaus gehen, um Opfer abzugeben, werden als ungebildet bezeichnet. Der gottgefällige Mensch hingegen soll ins Gotteshaus gehen, um zuzuhören! Ich denke, es ist nicht zu weit hergeholt, wenn ich sage, dass es auch hier wieder um das Hinhören auf Gottes Wort geht, um seinen Willen tun zu können, der eben nicht aus dem Darbringen von Opfergaben besteht, sondern aus der Nächstenliebe.

Der Opfergedanke im Zweiten Testament

Nicht nur im Alten Testament, der Heiligen Schrift der Juden, auch im Neuen Testament finden wir Bibelstellen zum Thema Opfer, Aussagen Jesu zum Opfergedanken.

Barmherzigkeit statt Opfer

Dass die Nächstenliebe den Kernpunkt der Botschaft Jesu darstellt, dürfte außer Frage stehen. Und dass sein Gottesbild, seine Botschaft von Gott die vom liebenden, verzeihenden Gott ist, ebenso. So ist es nur konsequent, wenn er den Angriff der Pharisäer, dass er sich mit Sündern abgibt, mit der Forderung nach Barmherzigkeit pariert. Brisant wird diese Forderung, wenn man sich vor Augen hält, dass die Pharisäer die „Opferelite" darstellten: Die Tempelabgabe, das Opfern des Zehnten, all dies gehörte zum innersten Wesen der Pharisäer.

„Wie kann euer Meister zusammen mit Zöllnern und Sündern essen? Er hörte es und sagte: Nicht die Gesunden bedürfen des Arztes, sondern die Kranken. Geht und lernt, was es heißt: Barmherzigkeit will ich, nicht Opfer! Denn ich bin nicht gekommen, um Gerechte zu rufen, sondern Sünder." [10]

Hier wird die Kernbotschaft des Wirkens Jesu in wenigen Worten ausgesagt: Er weiß sich zu den Sündern, zu den Kranken an Leib und Seele gesandt. Und das „Heilmittel" gegen Sünde und Krankheit ist nicht das Opfer, sondern die Liebe, die Barmherzigkeit.

„Wenn ihr begriffen hättet, was das heißt: Barmherzigkeit will ich, nicht Opfer, dann hättet ihr nicht Unschuldige verurteilt; denn der Menschensohn ist Herr über den Sabbat." [11]

Nur einige Kapitel weiter finden wir fast wortwörtlich dieselbe Aussage noch einmal, hier allerdings im Zusammenhang mit dem Sabbatgebot, das jegliche Arbeit am Sabbat verbietet. Die Pharisäer werfen Jesus vor, dass seine Jünger die Sabbatgebote nicht einhalten, weil sie Ähren abgerissen und gegessen haben. Jesus kontert wie gesagt mit derselben Aussage, dass Gott Barmherzigkeit möchte, nicht Opfer, verschärft sie aber noch dadurch, dass er sich als Herrn über den Sabbat bezeichnet.

Dies mag uns nicht so wesentlich erscheinen, aber wenn man sich die Bedeutung des Sabbats vor Augen hält, ist es ungeheuerlich. Der Sabbat war der Inbegriff der Heiligkeit, DAS Mittel, Gott zu heiligen. Sehr gut veranschaulicht dies eine Legende, der zu Folge die Erlösung der Welt unmittelbar erfolgen würde, wenn nur 36 Gerechte auch nur einen Sabbat einhalten würden.

Auch bei Markus finden wir die Aussage, dass die Liebe über allen Brandopfern und anderen Opfern steht:

„Er allein ist der Herr und es gibt keinen anderen außer ihm 33 und ihn mit ganzem Herzen, ganzem Verstand und ganzer Kraft zu lieben und den Nächsten zu lieben wie sich selbst, ist weit mehr als alle Brandopfer und anderen Opfer." [12]

Hier stammt diese Aussage zwar von einem Schriftgelehrten, was sie vielleicht noch bedeutsamer macht, aber Jesus bestätigt sie und bezeichnet sie praktisch als Weg zum Reich Gottes.

Der Hebräerbrief – eine theologische Mahnrede

Auch wenn der Brief an die Hebräer traditionell Paulus zugeschrieben wurde, zeigen neuere Forschungen an Inhalt und Stil, dass er nicht ihm zugerechnet werden kann. Über den Verfasser wissen wir also nichts. Der Inhalt legt allerdings nahe, dass er von einem theologisch gebildeten Verfasser stammt, der in der zweiten oder dritten „Christengeneration" als Lehrer in christlichen Gemeinden wirkte. Damals war die erste Begeisterung der Jesusgefolgschaft bereits verblasst und der Glaube auf eine oft harte Probe gestellt. In diesem Kontext versucht der Verfasser, die Kernpunkte und wesentlichen Inhalte der Nachfolge Jesu herauszuarbeiten und zu vermitteln. Dabei kommt auch der Opfergedanke zur Sprache:

„Und jeder Priester steht Tag für Tag da, versieht seinen Dienst und bringt viele Male die gleichen Opfer dar, die doch niemals Sünden wegnehmen können. … Wo also die Sünden vergeben sind, da gibt es kein Opfer für die Sünden mehr." [13]

Hier wird zum einen ausgesagt, dass der Opferdienst der Priesterschaft nicht geeignet ist, Sünden zu tilgen. Zum anderen – und für uns wesentlicher – aber auch noch, dass durch die Sündentilgung Jesu keine Opfer mehr nötig sind.

Welche Auswirkungen das auf unsere Theologie und noch mehr auf unsere Gottesdienste haben sollte, möchte ich im Folgenden darlegen.

Warum sind wir so opferwillig?

Die natürliche Religiosität

Zuerst aber noch zur Grundsatzfrage, warum wir überhaupt – quer durch alle Kulturen, Religionen und Zeiten – so opferwillig sind? Warum sind wir so bereit, zu opfern?

Der Grund liegt tief in unserer Entwicklung begraben. Mit der Menschwerdung war auch verbunden, dass der frühe Mensch vor vielen unerklärlichen Phänomenen stand.

Warum geht die Sonne auf und unter? Warum blitzt und donnert es? Warum wird jemand die Beute eines wilden Tieres? Warum ist jemand am Morgen nicht mehr aufzuwecken?

Fragen über Fragen, von denen manche uns heute lächerlich erscheinen mögen, andere uns nach wie vor beschäftigen, sozusagen zeitlos sind.

Da nichts schwerer zu ertragen ist als Ungewissheit, lag es nahe, nicht greifbare Mächte für diese Phänomene verantwortlich zu machen. Und dann war es nur noch ein kleiner Schritt dahin, zu versuchen, diese Mächte – Götter – milde zu stimmen, sich gewogen zu machen. Und so wurde das, was auf Erden funktioniert, auf die Götter übertragen: Ich gebe dir etwas und bekomme etwas dafür. Das Opfer war erfunden.

Das Fatale: Wenn dieser Tauschhandel nicht das gewünschte Ergebnis brachte, ließen sich immer Gründe finden, warum dies so war. Das Opfer war nicht groß, gut genug, nicht richtig.

So konnte und kann der Sinn des Opferns auch nie aus sich selbst heraus widerlegt werden. Deshalb sind die biblischen Aussagen gegen das Opfern auch so entscheidend. Auch wenn klar ist, dass sie nicht einfach göttliche Offenbarung, sondern Ergebnis menschlicher Überlegungen und Erfahrungen sind, macht sie das nicht weniger wertvoll. Sie zeigen, dass man aus dem tief verwurzelten Grundbedürfnis des Opferns ausbrechen kann, dass ein Gottesbild und eine Gottesbeziehung ohne den Opfergedanken möglich – und sinnvoll und erfüllend – sind.

In diesem Zusammenhang kann es auch hilfreich sein, sich einige Grundsatzfragen bezüglich der eigenen Opferwilligkeit zu stellen:

- Wofür opfere ich? Was soll mit dem Opfer erreicht werden?
- Wem opfere ich?
- Was wird geopfert?

Diese Fragen können natürlich nur ganz individuell beantwortet werden, aber aus meinen pastoralen Gesprächen und Erfahrungen in 40 Jahren wage ich es, einige Grundzüge herauszuarbeiten.

Anders als in archaischen Zeiten betreffen heutzutage die wenigsten Opfer den eigenen Vorteil. Oft geht es um das Schicksal eines lieben Menschen, zum Beispiel um die Hoffnung auf Heilung einer schweren Krankheit.

Der Adressat des Opfers ist auf den ersten Blick natürlich Gott, aber oft werden „Zwischeninstanzen" eingeschaltet, zum Beispiel Maria oder Heilige.

Opfergegenstand können immaterielle Dinge sein – Gebete und damit Zeit ebenso wie Geld, das der Kirche oder einer gemeinnützigen Organisation gespendet wird. Auch viele Wallfahrten fallen unter diesen Opfergedanken, hier wird sowohl die darauf verwendete Zeit als auch die damit verbundene Anstrengung geopfert.

Eine geläufige Form des Opfers ist auch der Verzicht – auf Essen, Alkohol, Luxusgüter. All dies ist grundsätzlich nicht falsch, aber es bleibt die Frage, ob es das ist, was Gott von uns will? Die oben aufgeführten Bibelstellen sagen meines Erachtens etwas anderes. Darüber hinaus stellt sich hier die Frage nach dem Gottesbild. Glauben wir wirklich an einen Gott, der in der oben genannten Form mit sich handeln lässt, bzw. solch einen Handel gut findet? Wenn Du mir ein Gebet „opferst", heile ich den Krebs Deiner Frau? Und vor allem: Wenn Du das nicht tust, eben nicht?

Für mein Empfinden ist das ein Gottesbild, das sowohl an der Größe Gottes als auch an der Botschaft vom bedingungslos liebenden Gott, die Jesus uns gebracht hat, völlig vorbei geht.

Bleibt also – sozusagen als Spitze der Opfertheologie – der Opfertod Jesu.

Ist Jesus einen Opfertod gestorben?

Bevor ich mich dieser zentralen Glaubensaussage zuwende, möchte ich noch einmal betonen, dass dies alles meine Meinung, meine Überzeugung ist, die ich nicht beweisen kann. Aber: Auch der Papst und alle Theologen können ihre Ansichten nicht beweisen!

Je zentraler eine Glaubensaussage ist, umso mehr Toleranz ist nötig, um miteinander ins Gespräch kommen zu können.

Das folgende Bild (Quelle unbekannt) veranschaulicht für mich sehr gut, worauf es bei einem offenen Dialog ankommen sollte:

Dass du recht hast, bedeutet nicht,
dass ich unrecht habe.
Du hast einfach nie das Leben
von meiner Seite aus gesehen.

Gerade im Gespräch mit guten Kolleginnen und Kollegen, die nicht meine Ansichten teilen, wird mir immer wieder bewusst, dass ich meine Standpunkte nicht absolut setzen darf, es auch die Sicht von der anderen Seite des Lebens aus gibt.

Beantwortet werden sollten allerdings die „Standardfragen" bzgl. eines Opfers:

- Wofür hat Jesus sich geopfert? Was sollte mit dem Opfer erreicht werden?
- Wem hat er sich geopfert?
- Was hat er geopfert?
- Warum?

Die Antwort auf die erste Frage scheint – theologisch – sehr einfach zu sein: Für unsere Sünden, um uns von der (Erb)Sünde und ihren Folgen zu befreien („Seht das Lamm Gottes, das hinweg nimmt die Sünde der Welt"). Nehmen wir die zweite Frage der Einfachheit halber gleich noch dazu, wird es schon schwieriger. Denn der Adressat des Opfers ist Gott. Und damit sind wir in der gleichen Zwickmühle wie im Kapitel vorher: Ist das unser Gott, der Gott Jesu, der, um uns unsere Sünden vergeben zu können, ein Menschenopfer „braucht"? Noch dazu das Opfer seines Sohnes? Ich weiß, dass die Antwort der Theologie darauf ist, dass Gott dieses Opfer ja nicht gefordert hat, sondern Jesus aus freiem

Willen dieses Opfer gebracht hat. Aber ändert das viel? Wenn ich nicht will, dass jemand seine Zeit, seine Energie oder eben gar sein Leben für mich opfert, dann will ich es auch dann nicht, wenn er es freiwillig tut.

Die Antwort auf die nächste – mindestens genauso einfache Frage – lautet vordergründig: Sein Leben. Aber verknüpft mit diesem Opfer seines Lebens am Kreuz ist ja immer auch die Überfülle des Leids, die damit verbunden ist.

Er hätte auch nach einem entbehrungsreichen Leben („Die Füchse haben Höhlen und die Vögel des Himmels Nester; der Menschensohn aber hat keinen Ort, wo er sein Haupt hinlegen kann."[14], in dem er viel Zeit und Energie für die Botschaft vom liebenden Gott „geopfert" hätte, lebenssatt sterben können.

Wäre das weniger wert gewesen? Warum braucht es diesen leidvollen Opfertod am Kreuz? Ich weiß es nicht, und ich sage jetzt einfach einmal: Für mich nicht. Auch nicht für meine Erlösung, denn diese Erlösung ist für mich die Befreiung aus der Angst eines sinnlosen Lebens, eines unerfüllten Lebens, das mit dem Tod im Nichts endet. Davon hat Jesus mich mit seinem Leben, seinen Gleichnissen, seinen Taten und dem Ruf in seine Nachfolge befreit. Und natürlich mit seiner Botschaft vom bedingungslos liebenden Gott, der mein Leben über den Tod hinaus in seiner Hand hält.

Sein Leben, seine Botschaft vom liebenden Vater-Gott widerspricht dem Opfergedanken radikal, sperrt sich gegen den Opfergedanken.

Folgerungen für die katholische Theologie und Praxis

Zuallererst folgt aus dem Gesagten eine Abkehr von der (viel zu stark ausgeprägten) Opfer- und Kreuzestheologie. Gerade unsere Eucharistiefeiern (wörtlich Danksagungen!) sind voll der Begriffe und Inhalte Opfer, Kreuz, Schuld (siehe meine Überlegungen im Buch „Eucharistie feiern?"). Damit verbunden sollte die Hinwendung zum Dank, zur Freude, zur gemeinsamen Feier sein, wie es im Wort Eucharistie**feier** ja ausgesagt ist.

Radikal mag die Forderung erscheinen, auch „Feste" wie „Kreuzerhöhung" und Fronleichnam abzuschaffen. Aber alles, was wir tun und denken, bestimmt eben auch unser generelles Denken, die Struktur unseres Gehirns und damit unsere Glaubensüberzeugungen.

Deshalb sind auch die Lieder, die wir singen, auf ihre Inhalte und Aussagen abzuklopfen. Nehmen wir als Beispiel „Gut, Blut und Leben will ich Dir geben" als Aussage im Marienlied „Wunderschön prächtige". Meinen Sie das ernst, wenn Sie dies singen? Und welchen Grund könnte es geben, sein Leben für Maria (nicht Gott!) zu opfern? Wenn es aber nicht zutrifft, sollte man es auch nicht singen, sagen, denken.

Genauso verhält es sich mit dem Lied „Alles meinem Gott zu Ehren" – sicher eine gute Aussage. Aber: „Meinem Gott nur will ich geben Leib und Seel, mein ganzes Leben"? Stimmt das? Dieser Text wurde 1724 geschrieben. Generell ist bei vielen Liedern zu fragen, ob Aussagen, Inhalte und Formulierungen, die Jahrhunderte alt sind, noch „stimmen", unserem Gottesbild und Lebensgefühl noch entsprechen (können). Nicht alles, was alt ist, ist automatisch schlecht, sonst müssten wir ja die Bibel selbst auf den Müll werfen, aber nicht alles, was alt ist, ist dadurch auch schon automatisch gut.

Ein letztes Beispiel: „Nimm an, was ich zum Opfer bring: das Herz, zerschlagen und gering, ..." aus dem Lied „Erbarme dich, erbarme dich mein, Herr". Es fällt mir schwer, zu glauben, dass der Gott, der uns als sein Ebenbild geschaffen hat, möchte, dass wir ihm unser zerschlagenes Herz zum Opfer bringen.

Grundsätzlich wünsche ich mir von Theologie und Praxis eine Verringerung der Betonung von Opfer, Schuld und Kreuz und dafür eine Betonung von Vergebung, Liebe und Freude. 212-mal begegnen wir dem Begriff Freude in der Bibel, allein 62-mal im neuen Testament. Wir erinnern uns an die 158 Treffer für den Begriff Opfer.

Weniger Karfreitag, mehr Ostern! Weniger Kreuzverehrung, mehr die Osterkerze in den Mittelpunkt unserer Liturgie stellen, um nur ein paar Schlagworte zu nennen.

Noch immer gilt meines Erachtens der Vorwurf von Friedrich Nietzsche: „Die Christen müssten mir erlöster aussehen. Bessere Lieder müssten sie mir singen, wenn ich an ihren Erlöser glauben sollte." (Rechte nicht zu ermitteln).

Damit will ich nicht sagen, dass wir Kreuz und Leid negieren, ausklammern sollen. Sie gehören (leider) zu unserer Welt, zu unserem Leben und ich durfte in meiner Zeit als Krankenhausseelsorger oft erfahren, dass Menschen nicht nur unter ihnen litten, sondern auch daran wuchsen. Der Blick zum Kreuz kann Betroffenen helfen, indem er ihnen die Solidarität Jesu und Gottes mit ihrem Schicksal vor Augen führt.

Aber dass wir als Christen sozusagen ständig unseren Blick auf das Kreuz, das Leid, den Opfertod Christi richten, verzerrt unsere Wahrnehmung einseitig.

Es gibt – Gott sei Dank (Eucharistie!) – nicht nur Leid in der Welt, und deshalb sollte die christliche Lehre und die Aufforderung zu einem christlichen Leben nicht nur in der Aufforderung zum Opfern bestehen.

Wir sollten unsere Gottesdienste wirklich **feiern**, wir sollten unseren Gott **feiern**, wir sollten unser Leben **feiern**!

Zu guter Letzt

Wie schon in der Einleitung angekündigt, ist es mir wieder einmal nicht gelungen, die Theologie aus meinen Überlegungen herauszuhalten. Trotzdem bin ich insofern zufrieden, als es ein sehr persönliches Buch geworden ist, in dem ich viel von meinen innersten Glaubensüberzeugungen und persönlichem Glaubensweg erzählen konnte.

Ich danke Ihnen fürs Lesen und freue mich über Rückmeldungen jeder Art an buchkritik3@online.de.

Bedanken darf ich mich auch wieder bei meiner Frau, die Korrektur gelesen und so vermieden hat, dass sich allzu viele Fehler eingeschlichen haben.

Verzeichnis der Bibelstellen

Alle Bibelzitate aus der
Einheitsübersetzung der Heiligen Schrift,
© 2016 Katholische Bibelanstalt, Stuttgart
Alle Rechte vorbehalten

Weitere bei BoD erschienene Bücher von Werner Ehlen

Alltägliche Bilder zum Staunen

Keine Hochglanzbilder, nichts Ungewöhnliches – aber trotzdem zum Staunen und Wundern
ISBN 9 783 75432 739 5, 132 Seiten mit 109 Bildern, Buch 14,99 €, E-Book 5,99 €

Elfchen

26 Bilder, in der Gedichtform der „Elfchen" meditativ betrachtet
ISBN 978 3 75195 320 7, 55 S., Buch 10,99 €, E-Book 4,99 €

Gedanken durch das Jahr

Impulse, Texte, Überlegungen von A wie Abwarten können bis W wie Wunder.
ISBN 9-783-751-95601-7
108 S., Buch 5,99 €, E-Book 4,49 €

Geschichten vom Leben

Impulse und Überlegungen, verbunden mit Erfahrungen aus der Krankenhausseelsorge
ISBN 9 783 752 62666 7, 88 S., Buch 5,99 €, E-Book 4,49 €

Erlebnisse aus der Krankenhaus- und Notfallseelsorge im Kontext der Bibel betrachtet

Anhand konkreter Fallbeispiele wird versucht, Leben und Bibel zu verbinden
ISBN 9 783 75432 697 8, 46 S., Buch 5,99 €, E-Book 3,99 €

Meine Perlen der Bibel

Anregungen, Impulse und Wissenswertes zu vielleicht auch nicht ganz so bekannten Bibelstellen
ISBN 9 783 75267 153 7, 56 S., Buch 5,99 €, E-Book 4,49 €

Warum ich mich manchmal schäme, katholisch zu sein – aber es noch immer bin

Eine Bilanz, was meines Erachtens in der kath. Kirche falsch läuft und warum sie trotzdem sinngebend ist.
ISBN 9-783 75049 384 1, 56 S., Buch 5,99 €, E-Book 3,99

Irrwege und theologische Sackgassen der kath. Kirche und Orientierung am Zentrum

Fortführung und Konkretisierung des Buches „Warum ich mich manchmal schäme..."
ISBN 9 783 75262 877 7, 52 S., 5,99 €, E-Book 3,99 €

Glaube leicht gemacht – aber nicht light

Das Wesentliche des christlichen Glaubens wird ins Zentrum gerückt – und damit viel unnötiger Ballast abgeworfen
Ein Mut-mach-Buch!
ISBN 9-783-75199-948-9, 28 S., Buch 3,99 €, E-Book 2,99 €

Eucharistie feiern?
Kritische Anmerkungen zur heutigen Form der Eucharistie

Nach kirchlicher Lehrmeinung ist die Eucharistiefeier der Höhepunkt der Woche, der Höhepunkt christlichen Glaubens. Wird sie diesem Anspruch gerecht? Eine Spurensuche
ISBN 9-783-75434-174-2, 32 S., Buch 4,99 €, E-Book 2,99 €

Wissenswertes zu Bibel, Glaube, Kirche

In diesem kleinen Büchlein liefert Werner Ehlen grundlegendes Hintergrundwissen zum Bibelverständnis, zur Zahlensymbolik, zur Hierarchie der Kirche und zur Grundlegung unseres Glaubens.
ISBN 9-783-75574-862-5, 25 S., Buch 4,99 €, E-Book 3,49 €

Faszinierende Einblicke in unser Universum
Fotografien und Erläuterungen

Ein gänzlich anderes Buch, nichts „Theologisches", sondern meinem 50jährigen Hobby der Astronomie geschuldet. Es kann natürlich nicht mit Bildern, wie wir sie von der NASA gewohnt sind, aufwarten, sondern soll mit Hobbyaufnahmen zum Staunen über die Wunder des Universums anregen.
ISBN 9 783 75629 223 3, 72 S., Buch 13,99 €, E-Book 4,99 €